Petra Cords

Familienbande

AF176489

Petra Cords

Familienbande

Therapiegeschichten einer außergewöhnlichen Familie

Impressum

Bibliografische Information der Deutschen
Nationalbibliothek:
Die Deutsche Nationalbibliothek verzeichnet diese
Publikation in der Deutschen Nationalbibliografie;
detaillierte bibliografische Daten sind im Internet über
http://dnb.dnb.de abrufbar.

© 2020 Petra Cords

Herstellung und Verlag: BoD – Books on Demand,
Norderstedt

ISBN: 978-3-7519-6893-5

Mit herzlichen Dank an das Team von Haus Niedersachsen für die mentale Unterstützung.

Vorwort

Geschichten einer Entwöhnungsreha

Eigentlich bin ich dort nur hin wegen meines „geringen Alkoholproblems" Durch die wiederholten Klinikaufenthalte, oft war der Auslöser Streit, dann folgte weglaufen, Alkohol-und Medikamentenkonsum. 24 Stunden Überwachung auf der Intensivstation, dann mehrere Wochen Aufenthalt auf der psychiatrischen Station.

Auf Anraten ging ich dann mal in die Suchtberatung, Sie sind Alkoholabhängig! So die Aussage. Ok, aber doch nur ein bisschen! Ich kann doch jederzeit wieder aufhören. Und auch nur ab und zu ein Glas Bier oder Wein klappt doch gut!

Es folgte der erste Versuch in der Reha. Vorher wurde ich noch im Haus Osterberg (eine Vorsorgeeinrichtung) geparkt. Gefiel mir gut dort. Leider gab's auf einer Belastungserprobung Streit mit meinem Exmann. Ich betrank mich und war nicht in der Lage zurückzukehren. Erst am nächsten Tag fuhr ich wieder hin.

Diese Maßnahme musste ich daraufhin beenden und wurde wieder auf der mir bekannten Station aufgenommen.

Dann endlich die Entwöhnungsreha in Ravensruh. Leider die falsche Einrichtung und meine Krankheitseinsicht war wohl noch nicht ausreichend. Die Therapie dort sollte ein halbes Jahr gehen, nach einem Vierteljahr brach ich sie ab.

Ich hielt mich einigermaßen über Wasser. Alkohol trank ich mal mehr und mal weniger. Dann bin ich den Jakobsweg gegangen und ich dachte jetzt ist alles gut. Irgendwann bemerkte ich dass ich jeden Tag trank, erst nur abends und bald auch schon mittags.

Als ich wieder zu Hause war trank ich zwar nicht mehr jeden Tag, aber häufig und auch mehr wenn ich depressiv war oder mich nicht mehr spüren wollte. Ich schaffte es aber immer noch, wenn es brenzlig wurde, mir Hilfe zu holen. Auch mal auf Station zu gehen.

Dann war der Punkt gekommen, wo ich wieder in die Suchtberatung ging. Inzwischen war mir bewusst, dass es ein Alkoholproblem gab. Mein Suchtberater und ich fanden die Klinik in Oerrel. Hauptmotivation war am Anfang, dass ich meinen Hund mitnehmen konnte.

In dieser Therapie hab ich langsam begriffen, was in mir so Los war.

In kleinen Geschichten fing ich an zu verarbeiten, was bisher in meinem Leben geschah.

Devil

Eigentlich ein netter Kerl, nimmt jede Gelegenheit wahr sich in den Vordergrund zu spielen. Hat aber auch teuflisch gute Laune!

Speedy

Macht große Sprünge, immer mit dem Kopf durch die Wand. Notfalls auch mal mit Gewalt.

Petra mit Benji

Weltoffen,
aktiv,
freundlich und
positiv
Manchmal ein
bisschen
verträumt

Grufti

Möchte mich vor dem Leben bewahren. Lebt nach dem Motto: „Irgendwann kriege ich sie doch, spätestens am Ende ihres Lebens."

Angie

 Ist der ruhige Pol, mildert die Aktivitäten der anderen und lenkt in die richtige Bahn.

Ihr Leitsatz:

„Zusammen kriegen wir das hin!"

Inmitten meiner Familie

Ich wusste schon immer, dass es meine „Familie" gab. Die genaue Zusammensetzung wurde mir erst in dieser Therapie klar.

Da ist zum einen Grufti. Er wurde gleich am Beginn meiner Existenz angergiert. Sozusagen als Auftragskiller, weil ich eigentlich nicht gewollt war. Auch wenn es später nicht mehr so war, es wurde schlichtweg vergessen ihn wieder abzubestellen. Er will mich vor dem bösen Leben bewahren und der sagt:"Hat sowieso alles keinen Sinn mehr, kannst dich auch umbringen."

Und noch einer, Devil, der kam wohl etwas später in mein Leben. Er hat den Schalk im Nacken und möchte mir helfen das Leben auszuhalten. Oft steht er mit einer Flasche Bier oder Flasche Wein und sagt:"Das kannst du nicht aushalten, trink mal was, dann kannst du schlafen und hörst auf zu grübeln."

Dann ist da noch Speedy, er existiert so ungefähr seit ich laufen kann, ist sofort euphorisch, sieht alles durch die rosarote Brille. Er sagt:"Sofort starten!" Sieht alle Hunde dieser Welt in meinen selbstgestrickten Hundepullis, alle Wanderer tragen meine Wandersocken und jeder kauft meine Bücher.

Devil sagt:"Viel zu viel Stress und völlig unrealistisch. Das wird sowieso nichts, deine Hundepullis sind eh nicht so gut, die Wandersocken auch nicht und wenn sie gut wären, du schaffst es nicht in so kurzer Zeit alle zu stricken. Ziehe dir erst mal die Decke über den Kopf, trink mal nen Schluck, dann wird's erträglicher."

Grufti meldet sich zu Wort:"Du bist eh unfähig, hab ich doch gleich gesagt. Bringe dich lieber um, dann ist endlich Ruhe!"

Ich ziehe mir nach einiger Zeit die Decke vom Kopf, der restliche Wein wird entsorgt. Vorsichtig schaue ich aus dem Fenster. Vielleicht fange ich erst mal an und stricke Hundepullis und

Wandersocken, weil es mir Freude macht!
Und wachse daran.

Noch ein Familienmitglied

Da ist noch jemand in mir! Angie, mein Schutzengel. Sie begleitet mich auch von Anfang an. Ich konnte oder wollte sie nur noch nicht sehen.

Sie hat bisher im Verborgenen gearbeitet. Wenn sie nicht da gewesen wäre, hätte ich die Tiefphasen und auch die Hochphasen nicht überstanden. Suizidversuche vielleicht nicht überlebt und in den Hochphasen wäre ich wohl gerannt bis zum umfallen, nicht in die Realität zurückgekommen,

Anscheinend haben Grufti, Devil und Speedy ziemlichen Respekt vor Angie!

Ich bin froh in dieser Männer Domäne auch eine starke Frau zu haben.

Ab sofort werde ich sie stärker beachten, mich mit ihr verbünden. Und gleichzeitig mich besser kennenlernen und stärken!

Macht das Sinn?

Das Leben! Macht das Leben für Petra überhaupt Sinn? Ich bin nicht gewollt und ich bin nicht richtig wie ich bin. Ich kann nicht so viel wie andere Menschen. Bin nicht viel wert.

„Genau" sagte Grufti, „das ist doch immer mein Reden. Dein Leben ist sinnlos und deshalb möchte ich immer, dass du dich umbringst. Dann brauchst du es dir und anderen nicht mehr zu beweisen, dass du etwas wert bist! Es ist die einfachste Lösung!"

„Naja" sagte Devil „Du bist zwar nicht so viel wert wie andere, auch kannst du nicht so viel. Dein Leben macht nicht so viel Sinn, aber umbringen muss man sich deshalb nicht gleich. Trinke lieber ein paar Flaschen Bier oder Wein, dann kannst du das Leben ganz gut aushalten und denkst nicht mehr darüber nach!"

Speedy reibt sich die Fäuste: „Ist doch völlig egal ob das Leben Sinn macht oder nicht. Mit Volldampf durchs Leben, nicht rechts und links gucken. Einfach durch. Das hat bisher ganz gut hingehauen!"

Wenn ich so zurückblicke, bin ich trotzt etlicher Schwierigkeiten einigermaßen durchs Leben gekommen. Auch wenn Grufti mich immer mal wieder in den Tod ziehen wollte. Devil mich oft zum Alkohol gebracht hat, weil er dachte, so ist das Leben besser auszuhalten. Speedy rannte ins Gegenteil, hat mich Ideen mit viel Energie und mehrfach mit dem Kopf durch die Wand umsetzen lassen.

Angie hatte alle Hände voll zu tun um auf mich aufzupassen!.

Heute glaube ich, dass mein Leben sinnvoll ist und auch in der Vergangenheit war. Ich habe erkannt, was die Ursache von vielen Verhaltensweisen war und kann in Zukunft daran arbeiten.

Das Leben macht Sinn!

Wo ich bisher in meiner Familie stand!

Den größten Teil meines Lebens saß ich irgendwo in der Mitte. Ich war wesentlich kleiner als Grufti, Devil und Speedy. Schüchtern, wie ich war, traute ich mich nicht etwas zu sagen. Ließ die anderen entscheiden und war machtlos etwas gegen sie zu machen. So kam es, dass jeder machte was er wollte. Angie hatte oft genug mit Aufpassen zu tun. Es gab immer wieder Momente, in denen ich aufstand, versuchte zu wachsen. Ich kam dadurch einigermaßen durch das Leben. Nach Aussen bekam kaum jemand mit, was in mir passierte. Irgendwann kapitulierte ich dennoch fast.

Im Laufe der Therapie fing ich an zu wachsen, baute Selbstbewusstsein auf. Ich entdeckte Fähigkeiten und Stärken in mir.

Die Welt, mich und auch meine „Familie" sah ich von da an ganz anders. Sie dürfen alle da sein, sie sind ein Teil von mir! Nur sie werden nicht mehr über mich

bestimmen. Ich bin jetzt groß genug um
das Kommando zu übernehmen!

In der nächsten Zeit wird Angie dabei
dicht an meiner Seite stehen.

Das Projekt „Hausbau"

Ich weiß nicht wie oft es sich schon wiederholt hat. Bisher lief es so ab. Das alte Haus ist zusammengebrochen. Grufti und auch Devil wussten warum: Es gab kein Fundament.

Da sie ja nicht wollten, dass das Haus hält, hielten sie den Mund und ließen Speedy mal machen. Speedy sagte:"So ein Haus ist doch schnell gebaut, Ärmel hochkrempeln und Zack, Zack ist es doch fertig. Einfach die Grundmauern ziehen, noch das Dach drauf und das Haus steht. Angie hat noch gewarnt, aber sie wurde nicht beachtet.

Devil lachte sich ins Fäustchen: „Haha, ein Windstoß und das Haus wird zusammenkrachen." So kam es dann auch. Ein kleiner Erdrutsch und das Haus lag in Trümmern.

Devil sagte schadenfroh:"Hab ich doch gleich gesagt, du bist einfach zu dumm! Aber mach dir nichts draus." Er reichte mir mitfühlend die Weinflasche. „So erträgt man das Scheitern besser!"

Grufti witterte gleich seine Chance:"Das kannst du versuchen, so lange du willst, das kriegst du eh nie hin. Bringe dich doch endlich um, dann brauchst du auch kein Haus mehr."

Da platzte Angie der Kragen: „Ich übernehme das jetzt mal, ich habe schließlich den Überblick. Ich sorge erst mal für ein stabiles Fundament und ihr beiden, Grufti und Devil, macht euch endlich mal nützlich! Wir werden zusammen, auch mit Hilfe von Speedys Energie und mit Petra ein vernünftiges Haus bauen.

Das braucht Zeit, wir werden nicht einfach drauflos bauen, sondern planen erst einmal:

Wie ist der Untergrund?
Wie ist die Wetterlage?

Kann es Erdbeben oder Hurrikans geben?

Das alles muss berücksichtigt werden.
Wenn das geklärt ist, fangen wir an,
Schritt für Schritt!

Zusammen kriegen wie das hin!"

Theorie und Praxis

Über dieses Thema entstand heftiger Streit in der Familie, Speedy sagte sofort: „Theorie, so ein Quatsch! Braucht kein Mensch. Sofort los mit der Praxis, Schnell die Ärmel hochkrempeln und starten! Das funktioniert, ihr habt doch gesehen wie schnell das Haus stand."

Devil meinte Schadenfroh: „Wie lange hat das denn gehalten! Nur Theorie ist wichtig! Die Praxis ist mir egal. Die kriegt ihr doch eh nicht hin, bei der Theorie kann ich dann auch gemütlich eine Flasche Bier oder Wein trinken."

Grufti grummelt vor sich hin: „Theorie oder Praxis interessiert mich nicht. Bring dich einfach um, dann brauchst du dir über so einen Quatsch keine Gedanken mehr machen!"

Angie guckte sich das eine Weile an: „Mensch Leute, so einfach ist das nicht, seid doch nicht so egoistisch, habt ihr mal überlegt wie es Petra dabei geht?"

Betretende Gesichter und Schweigen.

„Denkt doch mal nach! Damit es Petra und auch uns in der Zukunft gut geht, brauchen wir beides, Theorie und Praxis! Theoretisch planen wir was wir in der Zukunft noch so machen wollen und wie wir das erreichen können. Dann setzen wir das alles zusammen in der Praxis um.

Habt ihr das Prinzip verstanden? Dann ran an die Arbeit!"

Fahrradtour

Ich wollte meine Familie mal einladen einen Ausflug zu machen. Alle zusammen sollten einen schönen und entspannten Tag haben. Wir hatten aber nur ein Fahrrad und ich dachte mir, einer fährt und die anderen sitzen im Fahrradanhänger. Aber wer fährt und wer sitzt hinten? Die Frage musste erst mal geklärt werden.

Speedy war sofort Feuer und Flamme: „Das fahren übernehme selbstverständlich ich! Ich habe schließlich die meiste Kraft und Energie!"

Die anderen verdrehten die Augen: „Oh je, das endet doch wieder im Chaos. Er wird mit Vollgas losfahren, rote Ampeln kennt er nicht. Die Verkehrsregeln wird er nicht beachten.

Grufti bot sich auch an zu fahren, er hatte natürlich die Idee das Fahrrad auf die Straße zu steuern. Warten bis ein Bus oder LKW kommt und die unnütze Frage wer fährt hätte sich erledigt.

Devil sagte gleich: „Ich fahre auf keinen Fall, ist mir viel zu anstrengend. Lieber sitze ich mit einem Gläschen Bier oder Wein gemütlich im Anhänger."

Angie sah es schon kommen, dass sie wieder alle Hände voll zu tun hat, damit dieser Ausflug nicht in einer Katastrophe endet.

Auf einmal stand Petra auf, stellte sich vor allen auf und sagte: „Jungs, es soll ein schöner und harmonischer Tag werden, also fahre ich selbst! Speedy gibt mir ein wenig Energie. Devil, für dich kann der Tag auch mit einem großen Glas Traubensaft schön werden. Und Grufti, du erfreust dich einfach mal am Leben!"

Angie freute die Reaktion von Petra sehr: „Prima, dann kann ich mich auch ein wenig entspannen und brauche nur auf die äußeren Einflüsse zu achten und alle davor beschützen.

Ich glaube wir werden einen sehr schönen Tag haben!"

Gedanken

Ich stelle mir gerade vor wie es wohl in meinem Gehirn aussieht? In meiner Fantasie sind die Gedanken darin kleine Wesen, die da wild durcheinander umher wuseln. Da ist mächtig was los! Ich muss da unbedingt reingucken! Aber wie? Da kam mir sofort die Erinnerung an einen sehr kranken Mitpatienten, der sich Schraubendreher in die Ohren gesteckt hat. Durch die Ohren ist gut, aber nicht mit Schraubendrehern, die machen nur alles kaputt und durchgucken kann man auch nicht.

Ah, ich hab`s! Ich brauche kleine Teleskope! Wo bekomme ich die her? Im Internet kann man bestimmt welche bestellen. Das dauert mir zu lange, also schnell in die Ergo, die bastel ich mir selbst!

Prima, das funktioniert! Ich gucke also durch die Ohren direkt in mein Gehirn, was ich sah übertraf alle meine Erwartungen.

Die Gedanken wuselten wild durcheinander. Man kann trotzdem alle auseinanderhalten. Da waren ganz viele Gedanken die einfach nur vor sich herdachten, nichts bestimmtes, die fühlten sich sehr wohl und sprangen pfeifend und gutgelaunt durch die Gegend. Dann die positiven Gedanken, dachten unaufhörlich an schöne Dinge, freuten sich des Lebens und schlugen Purzelbäume.

Völlig überdrehte Gedanken waren auch da. Die waren chaotisch mit Rollschuhen unterwegs. Natürlich mit Volldampf!

Aber es waren auch traurige Gedanken vorhanden. Die weinten still vor sich hin, schnäuzten ins Taschentuch und müllten das Gehirn ganz schön voll damit. Ich glaube eine von deren Aufgaben ist es das Gehirnwasser zu produzieren! (Kleine Frage am Rande: Haben Menschen mit zu vielen davon einen Wasserkopf?)

Auch einige radikale Gedanken gab es. Die liefen mit vermummten Gesichtern und mit kleinen Fliegenklatschen rum. Wollten die anderen vertreiben, ich denke damit sie freie Sicht auf´s Großhirn haben. Wo solche sind müssen auch Gedanken her, die für Ordnung sorgen. Die tragen Uniformen und regeln das Zusammenleben mit Trillerpfeifen.

Oh man, das wird mir jetzt zu laut! Ich glaube ich habe genug gesehen, schnell die Teleskope aus den Ohren!

Radikale Akzeptanz

Es ist so wie es ist! Radikale Akzeptanz! Es gibt Dinge, die lassen sich nicht verändern, zum Beispiel die Vergangenheit. Sie ist gelaufen. Die guten Ereignisse und auch die schlechten. Nur die Erinnerung bleibt, manches mehr und manches weniger.

Grufti, Devil und Speedy, auch euer Verhalten kann man nicht mehr ändern. Das müssen wir leider so hinnehmen! Aber wir können die „Fehler" in Lebenserfahrung umwandeln und sie so sinnvoll nutzen. Um in der Zukunft daraus zu lernen und unser Verhalten daraufhin zu verändern!

Auch viele Umstände und andere Menschen können wir nicht ändern. Nur uns, unser Verhalten und unser Handeln können wir selbst bestimmen.

Devil meinte dazu: „Alkohol ist doch gut für viele Lebenslagen. Das kann ich voll akzeptieren"

„Nein" sagte Angie. Radikale Akzeptanz heißt nicht, dass man alles akzeptieren muss. Du hast Petra zum trinken gebracht, das werden wir nicht akzeptieren und das ändern"

„Der Tod ist das Beste für Petra, das müssen wir akzeptieren!"

„Das stimmt so nicht mehr, in der Vergangenheit hast du dich so verhalten und darüber denken wir jetzt anders!"

Speedy sagte dazu: „Ich habe immer Recht und nutze meine Energie für die richtigen Dinge. Mit dem Kopf durch die Wand geht es immer! Radikale Akzeptanz!"

Wir akzeptieren, dass es bisher so war. Aber in der Zukunft wird es anders werden und wir akzeptieren nicht, dass es immer so weitergeht. Wie werden positiv in die Zukunft blicken und nicht mit der Vergangenheit hadern!

Außer Rand und Band

Innerhalb meiner Familie tobt das Chaos. Petra ist völlig durcheinander. Die Gedanken toben:"Ich muss die Uhr noch fertigmachen, dann hab ich noch ein paar Strümpfe angefangen zu stricken." Dazwischen die Gefühle, die Angst es nicht zu schaffen. „Ich muss das alles zufriedenstellend hinkriegen."

Zwischendurch meldet sich Grufti:" Das wird doch alles nichts, dir wird wieder alles über den Kopf wachsen. Lass es lieber gleich, hier sind ordentlich Tabletten, bringe dich bloß um, dann hat das alles ein Ende." „Nein," sagt Angie „Du hast es bis hierhin geschafft, den Rest schaffen wir auch!"

Positive Zukunftsgedanken kommen. Ans Wohnmobil, geplante Wanderungen und an die vielen Dinge, die wir noch machen möchten. Was brauchen wir für unser zukünftiges Leben?

Speedy rennt erfreut los. Möchte sofort loslegen und alles Erdenkliche kaufen.

Dann spult sich plötzlich das vergangene Leben ab. Der Tod von Michael: Schnell ein bisschen Trauerbearbeitung....wird zu schlimm, schnell weg damit.

Devil winkt mit der Weinflasche. „Das kann kein Mensch aushalten und du musst das auch nicht. Komm trink mal nen Schluck, dann wird es wieder besser, die Erfahrung hast du doch schon so oft gemacht."

Der Suchtdruck und auch der Suizidgedanke wird kurz Riesengroß. Die Vernunft schaltet sich ein: Du hast es die ganzen letzten Wochen hin bekommen, ohne Alkohol oder Suizidhandlungen. Es gibt genügend andere Möglichkeiten, du hast dir schon so viel erarbeitet.

Petra ist jetzt ein wenig Stolz.

Weiter im vergangenen Leben. Meine Männerbeziehungen, alles Mist. Warum war ich oft so leichtsinnig? Wieso lief es nicht so normal wie bei anderen auch? Devil sagte:"Weil es dir sonst zu langweilig geworden wäre."Wie geht es weiter mit den Männern?

Gedankensprung: Mist, ich muss noch mit Benji raus. Keine Lust! Ziehe mir lieber die Decke über den Kopf.

Und dann der andere Michael, den hab ich im Stich gelassen. Hatte Angst vor den Belastungen die da auf mich zugekommen wären. Bin ich egoistisch?

Angie schaltet sich ein: „Mach mal Pause!" Wie denn? Geht nicht! Versuche mich ein bisschen hinzulegen, Musik hören. Benji kuschelt sich an mich, oh tut das gut!

Der nächte Gedanke, der Küchendienst an der Spülmaschine. Ein bisschen Stress und schon geht alles den Bach runter. Ich bin nicht normal, einfach nicht geeignet für dieses Leben! Scheiße, ich schaffe das nicht, bin schon so lange hier. Wird alles grad noch schlimmer. Die Petra, die hier in der ersten Zeit gewachsen ist, hat eine über den Kopf bekommen und ist wieder geschrumpft. „Das ist doch völlig normal in so einer Therapie, wenn man dabei ist die Vergangenheit zu bewältigen." Angie versucht zu beruhigen. „Anderen geht es doch auch so ähnlich. Bald bist du zu

Hause. Wirst endlich deine Familie wiedersehen." Versucht sie mich aufzuheitern. Oh ja, ich habe solche Sehnsucht, nach Peter, wir telefonieren fast jeden Tag, Hab ich die Kraft für die Dinge, die ich tun möchte? Wird der Druck nach Alkohol und Tabletten zu groß werden? Hab grad Suchtdruck!

Angie sagte: „Du bist stark und deine innere Familie ist bei dir. Speedy kann seine Kraft auch kontrolliert einsetzen. Devil hat viel Spaß an lustigen Sachen und auch beim Fahrradausflug mit Traubensaft. Und sogar Grufti sieht langsam, dass es sich lohnt zu Leben und kann beruhigt dem natürlichen Tod entgegen sehen."

Das hört sich doch alles ganz gut an!

Mir rennt die Zeit davon. Warum kann ich nicht etwas mehr strukturiert sein und alles nach und nach erledigen?

„Weil du so bist wie du bist! Und das stimmt so auch nicht, Gucke doch mal zurück, was du schon so alles gemacht hast!"

Ja, bin ich auch stolz drauf!

„Siehste, und jetzt machen wir Pause und gehen Kaffee trinken!"

Psychotherapie

Jetzt wollen wir mal den Dingen auf den Grund gehen, warum ihr so seid wie ihr seid.

Grufti, erzähle doch mal bitte aus deiner Sicht:

„Also ich habe gleich am Anfang unseres Lebens bemerkt, dass da etwas nicht stimmt und es nicht wirklich erstebenwert ist zu leben. Deshalb wollte ich Petra davor bewahren und habe mehrfach versucht sie in den Tod zu ziehen. In Abständen hab ich dann gesagt, bringe dich lieber um. Dann kann das böse Leben dir nichts anhaben.

Devil, wie hast du das Leben bisher empfunden?

„Ich wusste auch von Anfang an, dass da so verschiedene Ängste in Petra sind. Ich hab ihr gesagt, dass darf niemand merken und du musst sie ignorieren. In unterschiedlichen Situationen habe ich dafür gesorgt, dass sie aggressiv wurde und die Kontrolle verlor. Das fand ich oft sehr lustig und freute mich teuflisch. Später zeigte ich ihr, wie man mit Hilfe von Alkohol die Ängste und Hemmungen überwinden kann. Manchmal ist sie dann auch alkoholisiert Auto gefahren. Ich glaube da jubelte Grufti."

„Ja klar, ich dachte jetzt fährt sie sich endlich tot.

Speedy, wie ist es dir so ergangen? „Ich habe meistens Vollgas gegeben, damit wir immer schnell durch unangenehme Situationen kommen. Wir müssen mit Volldampf durch das Leben, damit alle merken wie toll wir sind und das wir alles können. Hat doch bisher ganz gut funktioniert."

Angie, du als der persönliche Schutzengel, wie hast du das Leben bisher gemeistert? „Es war eine anstrengende Zeit, aber das Aufpassen ist schließlich mein Job. Manchmal bin ich fast an meine Grenzen gekommen, letztlich ist alles gut gegangen. Ich wusste dass sich Grufti, Devil und Speedy oft falsch verhalten haben, auch wenn sie immer das Beste für Petra wollten. Ich versuchte Petra immer wieder klar zu machen, dass das Leben trotzt aller Schwierigkeiten Lebenswert ist."

Und Petra, wenn du so zurückblickst?

„Jetzt weiß ich, dass ich in der Vergangenheit gedacht habe ich bin nicht richtig so wie ich bin und dass ich immer anders sein wollte. Ich bin um Anerkennung gerannt. Hab nur gedacht, ich bin nur wertvoll wenn ich Leistung bringe und ich anderen gefalle. Erst jetzt weiß ich, dass ich vor mir selbst nicht bestehen konnte. Durch das Verständnis und das Wissen, was ich hier in der Therapie erworben habe, können wir alle an uns und an den Ängsten arbeiten.

Ich glaube Grufti, Devil, Speedy sowie Angie und ich blicken positiv in die Zukunft! Es wird viel Arbeit werden und wir werden noch einige Zeit Hilfe in Anspruch nehmen, aber es wird sich lohnen!"

Probleme

Grufti, Devil und Speedy dachten über Probleme nach. „Früher war alles besser!" sagte Devil. „Petra versuchte oft nicht ernsthaft ihre Probleme zu lösen. Es war so einfach! Ich drückte ihr eine Flasche Bier oder Wein in die Hand und sagte zu ihr, wenn du trinkst sind die Probleme weg!"

Grufti bekräftigte das., War aber der Meinung, wenn es so schlimm ist und Petra nicht mehr weiter wusste, dann helfen nur jede Menge Tabletten.

„Bringe dich am besten um damit, Es gibt keine Lösung für Probleme. Jetzt nicht und auch nicht später"

„Probleme? Wo? Her damit!!" Speedy war begeistert. „Die einzige Art Probleme zu bewältigen ist mit Volldampf durch sie durch zu laufen. Damit macht man alle nieder!"

Angie kam mal wieder mit Vernunft. „Ihr macht euch das zu einfach. Mag ja alles kurzfrißtig geholfen haben, aber die

Probleme bleiben oder werden hinterher nur noch größer. Und umbringen braucht man sich auch nicht gleich! Ein Problem muss genau analysiert werden, wie groß ist es, kann Petra es allein lösen oder braucht sie Hilfe?

Petra, wie sind deine Erfahrungen und was hast du schon in der Therapie gelernt?"

„Ich habe gelernt, dass Alkohol und Tabletten nicht bei der Problemlösung helfen und dass es so ist wie du sagst, Angie. Es wird alles nur schlimmer! Ich möchte in der Zukunft darauf verzichten, klar entscheiden. Probleme angehen und auch nicht vor ihnen weglaufen! Es gibt glaube ich kaum etwas, was man nicht lösen kann. Allein oder auch mit Hilfe ist ok.

Packen wir es an!"

Alte Verhaltensmuster auflösen

Bei Grufti, Devil und Speedy stand die Frage im Raum, was machen wir, wenn wir unser bisheriges Verhalten nicht mehr anwenden? Haben wir dann keine Daseinsberechtigung mehr?

Sie saßen missmutig in der Ecke und wussten nicht was sie tun sollen. Fragend sahen sie Petra an.

„Macht euch keine Sorgen, ich brauche euch doch trotzdem. Ihr seid meine Familie und ich habe euch alle lieb! Wie überlegen mal zusammen was ihr noch so für Talente und Fähigkeiten habt.

Grufti, du wirst in Zukunft viel Zeit haben und deine Stärke ist die Geduld. Du könntest vielleicht die Menschen beobachten, die mir im Leben noch so begegnen. Mich warnen, wenn mir jemand was Böses will. Du kannst dich mit dem Leben anfreunden und mich einfach bis zum Ende durch dieses begleiten. Wenn ich zu ungeduldig werde, kannst du mich bremsen und wieder Erden.

Devil, du hast den Schalk im Nacken und hast immer teuflisch gute Laune! Du bringst mich zum Lachen, wenn ich mal traurig und nicht so gut drauf bin. Deine Fröhlichkeit wirkt auch ansteckend auf andere. Du hast auch mal etwas verrückte Ideen, die das Leben nicht langweilig machen. Wir werden viel Spaß haben!

Speedy, was wäre ich ohne deine Energie? Wir haben noch so viele schöne Projekte vor uns, da brauche ich jede Hand. Jemanden der vorangeht und furchtlos Dinge beginnt mit überlegtem Elan. Das kannst du, davon bin ich überzeugt!"

„Und was ist mit mir?" fragte Angie. „Na dich brauche ich ganz nötig. Aber ich denke, du hattest in der Vergangenheit so viel Arbeit und Aufregung. Du verdienst es etwas mehr Ruhe zu bekommen. In unseren neuen Leben werden wir viel unterwegs sein, da musst du bitte auf uns aufpassen.

So ihr seht wie sehr ich euch alle brauche."

Grufti, Devil und Speedy sind sichtlich erleichtert. Gut gelaunt klatschen sie in die Hände.

Wann geht unser neues Leben endlich los?

Therapieende

Es liegen jetzt 20 Wochen intensive Therapie hinter mir. Ich erinnere mich noch gut an den Anfang, in welchen Zustand ich mich befand.

Wir haben es hier geschafft fasst alle Psychopharmaka abzusetzen. Eine deutliche Distanz zum Alkohol zu schaffen. Mir geht es deutlich besser. In Einzel- und Gruppentherapien haben wir erarbeitet wie die Sucht entstanden ist und was in meinem Inneren so los ist.

Ich gehe zuversichtlich in mein neu geplantes Leben, habe mir für zu Hause ein Netzwerk aufgebaut, Nachsorge und ambulante Therapie, dass mich stützen soll. Es gibt immer noch viele Dinge die noch bearbeitet werden müssen.

Meine „Familie" wird mich dabei begleiten und es werden sich bestimmt noch viele Geschichten ergeben!

Zusammen kriegen wir das hin!

Petra Cords, 1964 in Hamburg geboren.
Geschieden, 2 Kinder. 2010 psychisch
erkrankt. Seit dem berentet. 2020
endlich die entscheidende Behandlung
in einer Reha für Suchterkrankungen
die mein Leben positiv verändert hat.